BOURSE

Et si vous saviez déjà tout !

Jean-Jacques SEROUL DE VALS

BOURSE

Et si vous saviez déjà tout !

Petit Registre Agricole

Illustrations Léo Urs

ISBN - 13: 978-1979227537

© Jean-Jacques SEROUL de VALS
© Et si vous saviez déjà TOUT !

Tous droits de reproduction, d'adaptation et de traduction,
intégrale ou partielle réservés pour tous pays.
L'auteur est seul propriétaire des droits et responsable du contenu de ce livre.

SOMMAIRE

Introduction 3

Météo France 8

En mal d'amour 16

Le Kundera 24

Tempête d'automne 31

La Kardal 39

Le blé tendre 46

Le labour, simple mais efficace 53

Agriculture biologique 62

Conclusion 70

Fiches Pratiques 88

A Ingrid, Brayan, Alan et Joan,

INTRODUCTION

Il est aisé de comprendre la douleur, l'angoisse et la honte de cette cliente, venue me demander conseil alors que son époux venait tout juste d'annihiler en bourse l'intégralité de leurs économies. Madame était mère au foyer, et n'avait nulle idée de ce que pouvait-être une action. Ils venaient pourtant de perdre l'intégralité de leur patrimoine financier.

Dans les années qui suivirent, je renouvelais malheureusement ce constat chez tout investisseur démuni de bon sens, pressé ou déprimé. Je concluais à cette vérité déroutante, qu'elle était le fruit de l'absence de discernement chez la plupart des investisseurs amateurs, à la recherche du graal immédiat. C'est cette idée de bon sens que je souhaite partager avec vous au sein de ce récit, fruit de dix années à observer les investisseurs, des plus profanes, aux plus aguerris.

> " C'est cette idée de bon sens "

Laissant votre corps en haleine dans l'espoir d'une belle affaire, les sites spécialisés affichent inlassablement l'illusion d'une fortune rapide ; élément que la plupart des investisseurs absorbent sans retenu dans l'espoir du bon tuyau. Nonobstant tous les enseignements, des milliers d'investisseurs essuient encore chaque année d'innombrables pertes sèches, affranchissant dans les cas les plus extrêmes des situations financières des plus dramatiques.

Naturellement, si vous avez à cette heure d'ores et déjà éprouvé vos premiers pas en bourse, vous avez vraisemblablement été pris de doute une fois votre premier ordre passé. Pourtant, des gens comme vous et moi pourraient en attendre bien davantage en donnant le plus simplement du monde, un peu de bon sens dans notre rapport aux marchés. Sauf avis contraire, vous constaterez que la plupart des méthodes vouées à vous mener à la consécration du « gagner en bourse », vous ont tout au plus aidé à surmonter vos pertes... ou vos complexes.

J'ai consacré mon D.E.A. ainsi que mes années de doctorant d'université à l'étude des impacts de l'hypermédiatisation par l'entremise de l'usage des technologies. Si jadis les fondements de mes propos restaient scientifiques, j'en arrive aujourd'hui à la conclusion simpliste du bon usage du bon sens et ce, dans toutes les disciplines. Depuis des décennies, les recherches statistiques par l'entremise de l'observation de données de marchés, ont instauré une multitude de modes d'analyses, aussi complexes que nombreux. La plupart du temps, ils sont voués à vous accompagner sur des prises de positions.

" Faire de vous un rentier potentiel "

Leur objectif : faire de vous un rentier potentiel (Bandes de Bollinger, MACD, Indicateurs de force relative, stochastique lente, stochastique rapide et autres moyennes mobiles etc.). Naturellement, la réalité est tout autre.

En observant les comportements de mes clients face à la gestion de leurs PEA/CTO, je me suis souvent demandé si la technique du bon sens pouvait encore une fois s'appliquer à l'investisseur amateur. La réponse à cette question me fut confirmée quelques années plus tard, par l'analyse des achats/ventes d'un client agriculteur qui avait autrefois retenu toute mon attention. Alors vierge de toutes connaissances boursières, il validait une progression moyenne de 10 % par an. Cet Icaunais, d'usage si discret sur ses performances, en faisait - par sa régularité – un des plus importants générateurs de plus-values que je pus rencontrer. Sans aucune connaissance de marchés mais riche de bon sens, il allait devenir l'épargnant le plus précis dans ses investissements, doublant ainsi son capital initial en seulement 8 ans !

Au travers de cette histoire, je fais le souhait de vous convaincre d'effectuer vos stocks picking (sélection d'actions) avec le plus grand des bons sens. Ainsi, si vous parvenez à vous débarrasser de votre stress, de votre empressement, de tout outil d'aide à la décision, de conseils de spécialistes en tous genres et de l'actualité financière, vous éprouverez les joies de prises de bénéfices importants, à l'image de cet homme ordinaire, investisseur hors pair, lauréat des marchés bien malgré lui.

METEO FRANCE

Il était né dans la ville d'Auxerre. C'était le troisième enfant d'un viticulteur de Chablis et je ne sais pourquoi, il n'hérita pas du domaine. Il était d'apparence assez ordinaire avec une calvitie naissante. Cela ne le tua pas, mais lui conférait un côté rustre et négligé. Particulièrement timide, le père Bonifassi comme on l'appelait, portait sur lui une certaine forme de réserve, vraisemblablement héritée de sa culture paysanne. Dès qu'il se trouvait au sein de l'agence bancaire, il ne savait plus quoi dire. Bien que simple banque de réseau, il semblait impressionné par l'univers de la finance. Céréalier (blé, colza, maïs...) de son état, il avait hérité d'une certaine forme de bon sens. Dit différemment, il n'optait pour aucune de nos propositions d'investissements ! Par sottise, les collaborateurs l'avaient même surnommé le PSR (le Part Sans Rien). Toute offre commerciale était ainsi balayée d'un revers de main. Bien évidemment, chacun savait qu'il n'était pas sorti d'une grande école, mais la justesse de ses prises de bénéfices fascinait.
Naturellement, il évitait toutes les occasions d'apparaître comme tel.

Il n'avait bénéficié que d'une instruction maigrelette et je crois qu'il subit cette lacune toute sa vie.

En patientant dans le hall de l'agence, je le vis un jour patauger autour de l'espace viticulture. Tandis que ses congénères se seraient rassemblés autour des revues financières, je fus frappé par cette indifférence. Il n'estimait pas beaucoup les prophètes et préférait examiner une chantepleure locale, sorte d'entonnoir à vin laissée là pour la Saint Vincent. Je découvrais ainsi que sa première qualité d'investisseur consistait à évincer toute prédiction boursière. Qu'en se privant de cette météo des marchés, il renforçait ainsi les situations de prises de profits et question météo, il en connaissait un rayon le père Bonifassi. *Il n'accordait aucun crédit aux opérateurs de beau temps. A quoi pourraient-ils bien servir sinon vous induire en erreur. Prévoir une météo localisée pour le lendemain est déjà un exercice difficile alors pensez, à trois mois. Et puis, ce n'est au final plus un « tuyau » puisque le commun détient cette information. A quoi bon*

Cash-Flows

Mesure le flux de trésorerie dont dispose une entreprise

Flux de trésorerie d'exploitation = <u>résultat net</u> + dotations aux amortissements et aux provisions – reprises sur amortissements et provisions – plus-values de cession d'actifs + moins-values de cession d'actifs +/- variation du besoin en fonds de roulement

"Evincer toute prédiction boursière"

s'embarrasser d'informations inutiles et perfides.

Bien évidemment, il n'aimait pas être déçu. Sa stratégie d'achat était simplement axée sur ce qu'il jugeait être le juste prix d'une action. Loin du tumulte des médias spécialisés, il détournait son attention de tout gérant de fonds ou autre chef économiste, bien que labellisés par les plus grands assetmanagement de la place. Quelques minutes à auditer ce type de propos suffisaient à lui créer des crampes d'estomac. Loin des gémissements, il préférait être à l'affût de la bonne action, au bon prix et dans un silence incongru, il se contentait de scruter chaque semaine les valeurs d'un panel d'actions, rigoureusement sélectionnées.

" La bonne action, au bon prix "

Son métier aidant, il était sensible à certaines valeurs qui traduisaient à ses yeux une sorte bienveillance vis-à-vis des agriculteurs. C'était ainsi la seule action qu'il jugeait utile d'accomplir, et vous comprendrez plus tard pourquoi. En agissant ainsi, il s'évitait ce mixte d'angoisses propres à l'investisseur friand de prédictions inutiles, qui la plupart du temps, ne comprennent ni ce qu'il se passe, ni ce qu'ils font. Si la timidité le caractérisait, à l'inverse, il ne se méprenait pas sur la véritable valeur des choses. Début janvier 2008, il s'était pris d'observer la volatilité (ampleur des variations du cours) du CAC 40 qui avoisinait alors les 5000 Points. Il s'était ainsi, comme tant d'autres, déterminé un prix d'achat qui lui paraissait être une bonne affaire. L'amère ironie de cette situation est que cet homme si habile, ne possédait ni connaissance en analyse financière, ni bagage universitaire idoine. Il n'était donc pas question d'appréhender le PER d'une action, ni les cash-flows de la société. Il détenait simplement le discernement nécessaire à la définition de ce que pouvait être, une bonne affaire. Par l'observation des fluctuations sur 10 ans, il arrivait à la conclusion irrémédiable que sa Map Titres ne valait tout au plus que 16 euros pour Crédit Agricole SA, 120 euros pour L'Oréal, 82 euros pour Total, et il comptait bien les acheter 50% de leur prix. Il s'était saigné aux quatre veines pour mettre cet argent de côté, ce travail de préparation était donc immensément précieux.

A cette époque, les marchés prenaient la bonne direction (inflexion baissière). Ce point est important puisque c'est dans ces moments-là que les investisseurs tendent à éprouver des sensations d'inconfort et par malheur, résolvent la situation en cédant leurs titres. Par chance, le père Bonifassi restait à l'écart des prophéties des presses spécialisées car après tout, les statistiques restaient à ses yeux l'art de prédire sans aucune précision. L'histoire allait lui donner raison.

⭐

Aux sources de la bêtise, siège vraisemblablement la faiblesse des investisseurs de toutes trempes à absorber sans distance, conseils de marchés, prévisions de croissances ou autre « Top de la rédaction » des presses spécialisées. Si l'attention portée aux résultats économiques diffère selon les investisseurs, le résultat est presque toujours le même. Les jugements que vous portez aux évènements géopolitiques ou macroéconomiques désorganisent votre stratégie et vous mèneront le plus souvent à l'échec.

" Les jugements désorganisent votre stratégie "

Je suivais autrefois le PDG d'une ETI spécialisée dans l'export de produits industriels. D'un naturel anxieux, il ne supportait pas la fatigue. A chaque cercle d'investisseurs, il croyait bon de parler dès qu'une question était posée. Enthousiaste de toutes prédictions, il accumulait toutes sortes d'informations et les jugeait hautement significatives. La difficulté, c'est que tous ces communiqués de presses paralysaient sa méthode et ces « autopsies » intempestives n'avaient rien d'épisodiques. Naturellement, ces points d'analyses extérieurs pouvaient être des vérités mais en s'emparant du discours de l'autre, il perdait les commandes de son plan de marche.

Quelques mois plus tard et en luttant contre l'actualité boursière, il déprécia son portefeuille d'actions de 70 %. Ses profits furent éclatés aux quatre coins du globe et il finit par céder le reliquat les semaines qui suivirent.

A RETENIR

BEAUCOUP D'INVESTISSEURS PREFERENT SACRIFIER LEUR FEUILLE DE ROUTE AU PROFIT DE LEUR SECURITE IMMEDIATE. ET BIEN ADOPTEZ LE COMPORTEMENT DE CEUX QUI SONT DIFFERENTS. ECARTEZ

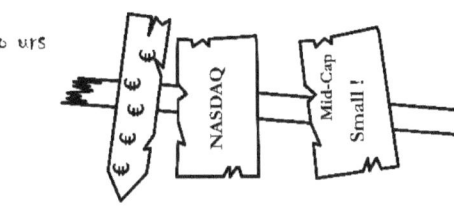

Léo urs

" Bien sûr, il m'arrivait de me laisser gagner par l'excitation du jeu, et je perdais alors tout jugement ! "

" Se retrouver sur la paille est une excellente école ! "

Les analyses techniques sont aux traders ce que le réverbère est à l'ivrogne : elles les soutiennent plus qu'elles ne les éclairent.

EN MAL D'AMOUR

Dix ans plus tôt, le père Bonifassi *avait pris le parti d'acquérir un bout de terre près du quartier des Bruguières, proche du Serein (cours d'eau local). Proche de la commune de Chablis (Yonne), cet achat s'était ainsi réalisé à brule-pourpoint étant donné qu'au décès de la propriétaire, aucun autochtone n'avait souhaité établir une offre compte tenu de la géo localité de cette terre dite impropre : trop proche du cour d'eau pour le commun des locaux. Le sol était en partie édifié en terrasse et cette disposition était disons, réservée aux candidats au suicide. Au-delà de ces deux écueils, la terre était vaste et admirablement ensoleillée. A la fin de cette décennie, personne au village n'aurait osé faire face à ces deux fléaux. Le père* Bonifassi *n'avait jamais étudié la géologie mais fit abstraction de ces deux caractères qu'il jugea secondaires en couronnant le don du ciel qu'était cet affluent. Acquise quelques milliers d'euros en 1998, elle en vaut aujourd'hui dix fois plus compte tenu que cette dernière, riche d'un flux aquatique, laisse aujourd'hui place à un complexe hôtelier tout fringant.*

Cette première expérience – sorte de deuxième naissance - allait définitivement sceller son devenir d'investisseur.
Et c'est ainsi qu'au cours de mes premiers mois de prise de fonction, je m'étais épris à le convier aux réunions d'informations que regagnaient chaque trimestre un dédale de clients VIP du

réseau, triés sur le volet par le jeu d'une segmentation distributive. Le père Bonifassi faisait partie de ce TRI qui sans jeu de mots, alimentait par les encours crédits le Taux de Rendement Interne de la firme.

Le moment n'était jamais favorable et le Bonifassi s'octroyait, je dois dire un certain plaisir, à m'opposer des activités appendices.

Le 11 novembre 2008, je dus consacrer ma soirée à une énième réunion d'information puisque la firme avait jugé la situation macroéconomique critique, et qu'une information aux clients les plus exposés aux marchés s'imposait. Cette action devenait ainsi prioritaire.

Volatilité

Amplitude des variations d'une action.

En finance, il s'agit de la base de la mesure du risque. La volatilité mesure les amplitudes des variations d'une action.

Par voie de conséquence, plus la volatilité d'un actif est élevée, plus l'investissement dans cet actif sera considéré comme risqué mais avec une espérance de gain plus importante.

Chacun d'entre nous sait que l'expérience humaine est riche d'exemples. Cette phrase était parfaitement validée puisque contre toute attente, le père Bonifassi nous faisait la surprise de sa présence. Alors qu'il était de rigueur d'aborder le VIX (indice de la peur), la volatilité des dernières semaines et autres spreads de taux, il jugea les intervenants compétents, mais les propos forts bien inutiles. Il prit son pardessus et s'éclipsa. Bien qu'il fût âgé, cela ne faisait que mettre en valeur une certaine forme de sang-froid, et du sang-froid, il en était question puisque son attention semblait accaparée par la décision qui - quelques heures plus tard - allait à jamais fixer sa réussite.

 Si cet exemple est un lieu commun, la situation qui s'ensuit reflète au plus juste l'instinct de mimétisme qui nous est naturellement donné. Chacun peut comprendre qu'en se soumettant à une direction partagée, vous annihilez tout espoir de bénéfice. Imaginez un instant qu'un modèle automobile soit produit en un grand nombre d'exemplaires. Quelle pourrait être la situation d'ici quelques années ? Et bien il est fort probable que ce modèle ne soit pas de gaîté de cœur chez les collectionneurs puisque modèle devenu commun sur le marché. Fruit de notre éducation ou poussé par la pensée universelle, nous jugeons la majorité comme « bonne » et par ce fait, nous suivons la tendance perpétuelle de l'élan commun.

Lorsque je professais dans le huitième arrondissement de Paris, la clientèle fortunée était dignement représentée. De ce fait, la firme était présente et y détenait son siège social. D'usage, tous les prospectus commerciaux de l'époque vantaient les titres et/ou fonds corporates et tous les collaborateurs émoulus du centre de formation interne, étaient convaincus de ces seules possibilités.

En 2012, j'y rencontré un directeur financier donnant dans l'industrie aéronautique. Il avait épousé au passage une héritière du clan OD… et avait fait l'exploit de réunir une dizaine de millions d'euros. Je n'ai jamais su d'où venait sa fortune, nous ne parlions pas de ces choses-là avec ce type de clientèle.

C'est pourquoi durant des années, il dévorait les entreprises naissantes. Le plus remarquable, c'est qu'en travaillant de la sorte, il dénicha en autres le titre LECTRA, et fit en cinq années seulement une bascule de + 495 % sur cette ligne. De confiance, les formateurs, les nouveaux banquiers privés et parfois même l'encadrement venaient ainsi lui soumettre des pistes d'investissements. Ils n'en ont jamais tiré fortune. La clef de sa méthode, chasser les bons élèves qui affichaient rentabilité et cashflow tout en y portant une foi sans faille pour y investir ses deniers personnels.

" La clef de sa méthode, rentabilité et cash-flow "

Et bien pourquoi ne pas procéder ainsi ? Jetez votre dévolu sur des entreprises de bon rang, pilotées par des dirigeants de qualité, bénéficiant de cashflow & rentabilité prometteurs mais pour autant, au sein desquelles personne ne se projette. Ces actions jouiront sans nul doute des plus belles plus-values à la revente.

Il m'est naturellement arrivé de prodiguer des conseils sur l'achat de titres vifs auprès d'une clientèle fortunée. Mais pensez-vous valablement que la lecture de médias spécialisés puisse-t-elle m'avoir épaulé sur ce type de préconisation délicate. C'est pourtant un travail ardu que se livrent les éditeurs pour vous dénicher l'entreprise ayant progressé de 40 % sur les 6 derniers mois. Si celles-ci peuvent avoir été conduites de façon très honorable, il n'en demeure pas moins qu'acquérir ces titres en l'état, reviendrait à prendre le train en marche. D'une part, parce qu'il est improbable que ce « bottom up » (croissance) se reproduise à court ou moyen terme et que d'autre part, ces actions entrent par cette mise en lumière médiatique dans le lieu commun.

A RETENIR

JETEZ VOTRE DEVOLU SUR DES ENTREPRISES EN DEVENIR, DE QUALITE, PILOTEES PAR DES DIRIGEANTS DE QUALITE, BENEFICIANT DE CASHFLOW & RENTABILITE PROMETTEURS MAIS PLUS IMPORTANT, QUE (PLUS) PERSONNE NE REGARDE

LE KUNDERA

Ce matin du 12 novembre 2008, une réunion de crise était organisée en mairie. Le sujet semblait préoccupant puisqu'un spécialiste tout droit venu de la chambre d'agriculture d'Auxerre venait d'être dépêché sur place. C'était un jeune homme plutôt grand sans être filiforme, chaussé de lunettes originales et affublé d'une horrible moustache. Ce « sachant » comme il disait, commençait par conduire un exposé sur le Fusarium Graminearum, suggérant des méthodes de contournement pour éradiquer cette mycotoxine qui anéantissait le Kundera (variété de blé).

Il faut savoir que quelques mois auparavant, la récolte de 2007 avait été terrible. Ainsi pour s'immuniser d'un prochain désastre, le père Bonifassi avait fait appel à une société venue de Lyon. Cette dernière se targuait à en croire les brochures, de détenir une variété de blé capable de produire 98 quintaux à l'hectare (le Kundera). 98 quintaux à l'hectare, vous comprendrez qu'il avait pris cet élément en considération et en sa qualité de président du conseil d'administration, il se devait de montrer l'exemple.

Ainsi chaque matin en guise de récompense, lorsqu'il passait devant le champ des Ramières, il se recueillait comme un instant de prière. En scrutant l'avancement de la pousse, il n'en attendait pas moins que ce blé extra continental, précède de 15 jours le Galibier (variété de blé) des Fangeon. Il faut dire que les Fangeon possédaient les terres les plus convoitées du bourg. Situées sur le versant sud et bénéficiant d'un air doux, elles donnaient une moyenne de 82 quintaux à l'hectare et le père Bonifassi, *comptait bien rattraper le retard.*

12 novembre 2008 : « Aujourd'hui, nulle variété de céréales n'est résistante au Fusarium Graminearum, et je vous déconseille bien fort d'implanter des variétés fantaisistes comme le Kundera, très sensible au mycotoxine ».

Ce foutu spécialiste à la moustache décousue refermait ainsi la réunion. Un climat peu propice, une gestion approximative des précédents résidus et la faible protection fongicide à la floraison, allaient annihiler les espoirs de récolte.
Malgré sa rigueur, Bonifassi *avait réagi comme un mouton. De coutume si précautionneux, il avait cédé à l'appel d'une promesse. Le Graindor, l'Apache, le Barok, le Renan, elles avaient fait leurs preuves. Pourquoi alors créer des combinaisons improbables, quand la plus grande partie du chemin est parcourue.*
Le mal était fait et il l'avait appris à ses dépens. En s'accordant un investissement hors de son champ de connaissance, il venait de subir une contre-performance.

Dans la concomitance, les marchés poursuivaient leurs baisses effrénées et si ce n'était pas un coup du sort, cela y ressemblait.

La question du Kundera est importante. Si s'adonner à la découverte d'un nouveau produit alimentaire peut être une expérience banale ou fascinante, acheter un véhicule financier sans connaissance préalable est fortement déconseillé. Prenons l'exemple du Forex. Si aborder le marché des devises peut être un choix stratégique en solution de repli (Dollar Américain par exemple), confondre taux flottants (devises exotiques comme le Yuan ou le Bitcoin par exemple) et taux fixes (Dollar Américain ou Canadien, Euro, Livre Sterling…) peut-être fortement dommageable. Toutes les actions ne se valent pas. Autre exemple : Il n'est pas rare de se voir proposer l'acquisition de titres se targuant de plus 40 pts de progression sur quelques mois. Si l'offre est alléchante, ces supports sont la plupart du temps les appâts d'investisseurs naïfs et sans déshonorer la totalité de ces actions, elles ne laissent la plupart du temps que peu de visibilité et de très faibles liquidités à la revente. Un titre n'a de valeur que si un acheteur existe.

> **"Acheter un véhicule financier sans connaissance préalable est fortement déconseillé"**

En premier lieu, une stratégie intéressante consiste à établir votre Map Zone sur 3 ou 4 actions seulement (j'évoquerai cette idée plaisante un peu plus loin). En second lieu, il vous revient de vous cantonner aux seuls titres précédemment retenus c'est-à-dire aux actions que vous connaissez. Ecartez les schémas d'euphorie, d'offres du mois ou de promesses trop flatteuses. Il est inutile de révéler votre côté aventurier dans le cadre de vos placements financiers. La qualité de votre stock Picking est essentielle.

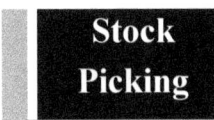

Stock Picking

Méthode de sélection d'actions.

Le gérant se focalise sur les actions les plus prometteuses en portant son attention sur les qualités propres aux entreprises et leurs perspectives de développement.

Lorsque j'étais en poste sur Orléans, je recevais périodiquement un jeune avocat parisien. Il venait et repartait aussi vite que le vent. C'était une époque bénie où les clients frappaient encore à la porte des compagnies. Il n'y avait qu'à avancer les propositions commerciales. Il possédait un compte titre ordinaire car l'enveloppe PEA lui paraissait trop « emmitouflée » disait-il. Si je lui étais de bons conseils en optimisation fiscale, il serait devenu tout pâle de se voir soumettre des véhicules d'investissements. Il était rompu à la discipline des marchés et tirait des profits tout à fait avouables. Heureusement, il avait franchi toutes les erreurs des investisseurs novices mais en se laissant emporter par l'ivresse des marchés, il dut voir ses mérites éprouvés. Jugez plutôt. Si mes souvenirs sont exacts, il avait considéré son champ de compétences aux seules matières premières comme Tesco, Glencore ou encore Total… En février 2015 et comme il connaissait bien son métier, il s'était rendu sur Bordeaux pour y traiter une affaire sans importance. Il n'eut pas le temps de découvrir la ville, mais y fit la connaissance d'un des dirigeants d'une bio Tech prometteuse. Le 31 mars il participa avec ravissement à l'introduction en bourse de CERENIS. Il en ignorait manifestement tous les attributs.

" Je m'étonne encore aujourd'hui de l'erreur de ce malheureux "

Je m'étonne encore aujourd'hui de l'erreur de ce malheureux. Non de voir ses profits se retourner ce qui peut élégamment toucher chacun d'entre nous, mais de s'être égaré de sa Map Zone et prodigieusement, de son champ de compétence. Le titre côte aujourd'hui – 85 % de son cours de lancement.

A RETENIR

GARDEZ LE CAP, N'ACHETEZ QUE CE QUE VOUS CONNAISSEZ.

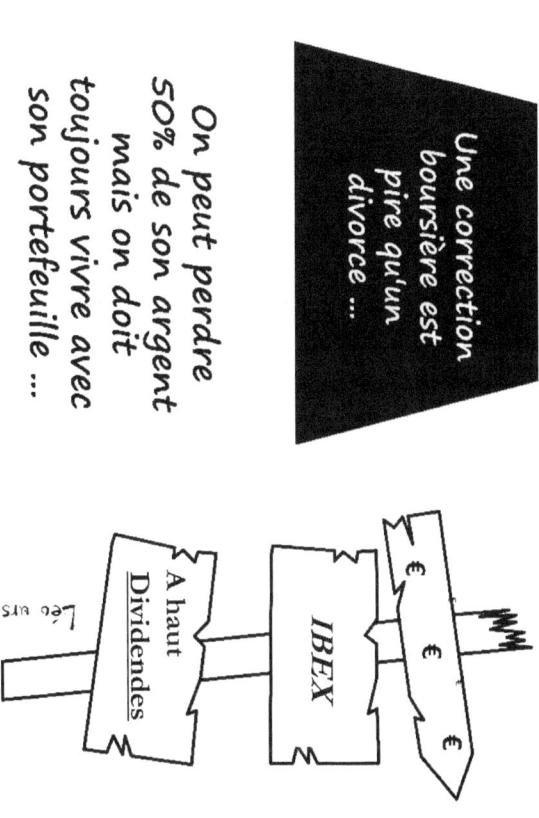

**TEMPETE
D'AUTOMNE**

Au cours des quarante dernières années, et pour parvenir à davantage de rentabilité, la ferme avait dû s'adapter. Cette observation lui paraissait si évidente qu'il fut très tôt attiré par la compétition. Dès les années 60, il chercha à parfaire ses rendements, et 10 ans plus tard, il reconnaissait aux intrants des qualités inespérées.

C'est ainsi qu'au cours des années 2000, ces principes clés l'avaient guidé sur les voies des marchés à terme (MATIF). Ces places financières, pourtant si difficiles à appréhender, étaient à examiner avec agilité. Sa connaissance de son marché et de l'environnement international, une analyse pertinente des outils ou encore le calcul des marges lui apparaissaient comme un parfait bénéfice intellectuel.

Cette question des marges restait malgré tout importante en ce qu'elle lui imposait un calcul précis des dépenses souples et fixes de l'exploitation. Par un jeu comptable, il était désormais en mesure de définir sa marge brute à l'hectare, doublée d'une certaine complexité : Identifier un prix de vente par anticipation.

Il faut dire que ces derniers temps, il possédait une certaine crainte quant à sa propension à équilibrer son compte de résultat. D'autant qu'au fil des mois, si le rituel paysan suffisait à flatter les touristes, les maigres récoltes avaient de leurs côtés, bien du mal à nourrir ses lignes de crédit.

En vertu de tout, cet exercice répondait à une question simple : « A quel moment devait-il vendre son blé ? ».

Après plusieurs tentatives, il avait pu éprouver ces états de paniques, propres aux marchés à terme. Il faut dire que 2008 (Crise des Subprimes, faillite de Lehmann Brother...) avait en quelque sorte, bancarisé les MATIF et qu'à maintes reprises, il s'était senti envahi par la distance entre la réalité de ses stocks, et la titrisation de ses quintaux. De grâce, ces quelques années l'avaient gratifié d'une certaine forme d'audace mais plus bénéfique, d'une aptitude à ignorer les tempêtes pour vendre sa production au plus haut. S'il est possible de trouver sur terre bien pires terreurs qu'une modeste place de marché, voir se volatiliser les fruits d'une ou plusieurs années de récoltes peut vous bouleverser un homme. Il s'était donc prémuni contre cette hypothèse. Ainsi en stockant ses possibles sur les périodes de prix bas, il s'assurait l'espoir d'un bénéfice futur.

" Aptitude à ignorer les tempêtes "

A l'aube du jour suivant et passées les inquiétudes de la veille, il prit un instant pour observer les marchés financiers. Animé par les cours chahutés de ces derniers mois, il reprenait soigneusement ses notes, et (in)validait les potentielles prises de positions. A son habitude, il escamotait tous les titres supérieurs à 50% de la valeur qu'il leurs avait initialement attribués avec un objectif : effectuer une plus-value de + 40 %. Il avait pris conscience qu'en appliquant cette stratégie, il céderait à terme à 70% de la valeur donnée, soit encore 30 % en dessous du prix initial estimé. Le bien-fondé de cette approche enfantine allait très prochainement modeler sa réussite. Tant bien qu'en pratiquant depuis plusieurs mois cette méthode, la surprise fit de taille quand dans un moment de délivrance, il put constater que le titre Crédit Agricole SA approchait les 8.3 euros, Total de 40.76 euros et l'Oréal de 62.35 euros. Une des grandes qualités du père Bonifassi, est qu'il était capable de définir une liste de tâches... et de s'y tenir.

Dans ces conditions, il n'était plus nécessaire d'attendre. Son investissement lui en coûta la somme rondelette de 150 000 euros, se traduisant par l'acquisition des 3 titres de sa Map Zone répartis au tiers. Dans une étrange sérénité, il éteignait son écran et se retirait dans sa chambre. Nous sommes le 18 novembre 2008.

Dans les mois qui suivirent, il maintient son rituel. Sans brillance ni intelligence particulière, il reprit le cours de ses tâches quotidiennes.

PER

Price Earning Ratio

L'acronyme PER désigne le ratio entre le prix de l'action d'une entreprise et son bénéfice par action (BPA). Comme son nom l'indique, le PER se calcule en divisant le prix actuel de l'action par le bénéfice par action de l'entreprise:

PER = Prix de l'action / Bénéfice par action (BPA)

J'ai longtemps envié le sang-froid que pouvait laisser transparaître cet homme. A chaque ordre de bourse, il m'avouait bien volontiers la nécessité d'une certaine forme d'inconscience, sorte de malentendu arrangé. Mais c'est justement parce qu'il craignait les blessures, qu'il renonçait à suivre les emballements des marchés. Si l'expression répandue « Acquérir au son du canon et revendre au son du violon » est usuelle, il est forcé de constater que la préférence humaine va tout autre. La plupart des naufragés de la bourse ont montré qu'ils n'appliquaient pas les bonnes pratiques. Non par ignorance, mais parce que ne retenant pas les leçons du passé, ils devenaient contre-performants. Si dans bien des cas l'amnésie peut être salvatrice ... vous apprendrez qu'elle caractérise en l'état l'insouciance de l'investisseur.

Et bien à vous de contourner les mouvements de foule en désarticulant vos habitudes. S'il n'est pas naturel de prendre l'autoroute à contre-sens, suivre un mouvement de panique n'est tout au plus protecteur. Il est grotesque de penser qu'en investissant en période d'euphorie, il vous soit offert d'effectuer des bénéfices significatifs.

D'Orléans je passai à Gentilly. Et c'est en face dans le 14ᵉ arrondissement de Paris qu'un de mes conseillers en gestion de patrimoine me fit coudoyer cette cliente. C'était une vielle femme de 81 ans, ni belle ni laide, la peau brune et grasse. Elle avait attiré mon attention puisque cette pieuse Parisienne de naissance croyait bon de faire des gestes de croix à chacune de nos entrevues. Le plus surprenant, c'est qu'elle était fille d'un directeur d'école élémentaire et qu'à cette époque, l'antithéisme des normaliens était cavalant.

Elle était marchande de biens et avait fait gonfler sa fortune à la fin des années 80, principalement sur la région côte d'azur. La spéculation était alors importante et fut corrélée à l'expansion économique du moment. Elle détenait un portefeuille titres de 15 millions d'euros, issus de la vente de deux immeubles de province. Elle avait un certain appétit pour l'argent et s'était éprise de triompher en bourse. C'est-à-dire qu'elle ne s'était pas bornée à tapisser son compte de titres vifs. En mesurant la gravité de chaque inflexion baissière du CAC (2009, 2011, 2012), elle avait usé de cette prodigieuse invention moderne que sont les trackers. J'appris plus tard qu'elle ne détenait qu'un mince savoir dans le domaine, et que l'aridité intellectuelle de ces fonds indiciels l'avait à maintes fois secourue. Dans une maturité de bon sens, elle se contentait d'investir sur l'indice CAC 40 à dessous de 3000 pts, et de déguerpir passés les 3900 pts. Elle était glorieuse de ce résultat et se plaisait à me réitérer ces performances. Elle exagérait peut-être, mais ces agissements de bon sens en avaient fait la fine la fleur de l'investisseur « caduc ». Je regrette seulement qu'elle ne puisse être récompensée de son vivant. A son décès, son héritière causa en quelques six mois la déroute de son portefeuille titres. Ces arbitrages hasardeux avaient porté en terre tous les bénéfices.

Je tentai un rattrapage, mais la rigueur des marchés emporta tout sur son passage.

A RETENIR

JETEZ UN VOILE SUR VOS HABITUDES, ET PRIVILEGIEZ LES ACQUISITIONS DE VOS TITRES EN PERIODE DE TURBULENCE.

LA KARDAL

*L*e printemps de l'année courante avait fait comme qui dirait, le succès de la Cagnole (escargot de Bourgogne). Cette année-là, Bonifassi débutait ses plantations de Kardal (variété de pomme de terre) par le versant Est de la vallée des Clos. Malencontreusement et avec l'arrivée des fortes pluies de mars, il dut mettre un coup d'arrêt au semi.

C'est-à-dire que la répétition des pluies sur le printemps 2008 ne lui laissait guère escompter de reprise avant la Sainte Catherine. Cependant, ce point ne lui portait aucune crainte car il savait de l'oncle Paul, que les preuves de patience sur le plan agronomique étaient salvatrices. Naturellement dans des années similaires, un redémarrage pu être observé mi-avril mais il s'agissait là des terres légères de Coulanges la Vineuse. Mais compte tenu des infiltrations empêchées par les terres argilocalcaires du Chablisien, il lui eut été bien présomptueux de prétendre à une reprise avant le 1 mai. Pourtant, il y avait de quoi se mordre la lèvre puisque si le coup d'arrêt avait mis fin aux plantations pour cause de pluies incessantes, les plants de Kardal dans une certaine forme de liberté, poursuivaient leur développement. Dans cet état de fait, il assistait impuissant aux pousses des germes, sorte d'expression naturelle du temps.

D'usage, la spontanéité de tout être impatient aurait engendré une plantation hâtive des jeunes plants. Mais Bonifassi se souvenait de son enfance. La patience lui avait jadis été transmise par l'oncle Paul. « Sois patient » lui disait-il. « Les conditions climatiques qui retardent les plantations demandent sans froid et patience pour assurer le rendement ». L'oncle Paul qui était un grand timide, s'était enraciné plus à l'Ouest du côté de Chitry. Si les terres environnantes différaient certes de celles du Chablisien, il n'en demeurait pas moins que cela restait l'oncle Paul, et des printemps humides, il en avait traversés.

Ce qui lui paraissait évident, renforçait un peu plus chaque jour ses qualités d'investisseur. Il faut dire que fin 2008, les marchés financiers n'étaient pas au beau fixe et il me reconnaissait bien volontiers, une certaine forme d'inquiétude. Les titres acquis le 18 novembre ne cessaient de dévisser, quant à ses moins-values, elles allaient atteindre un point bas au 6 mars 2009. Là où tout être animé se serait recroquevillé en cédant tout ou une partie de ses titres, Bonifassi lui restait les bras ballants. A l'image de la Kardal, il savait de l'oncle Paul que lorsque les marchés transpirent l'anxiété, nul besoin de hocher la tête. Ainsi et malgré la tempête, il conserva ses titres.

« Sois patient, les conditions climatiques qui retardent les plantations demandent sans froid et patience pour assurer le rendement ».

L'oncle Paul.

Avez-vous jamais tenté de convaincre un investisseur de conserver ses titres en période hostile ? C'est le plus souvent un obstacle infranchissable. Cet instinct de sauvegarde est naturellement un moyen puissant d'apaiser ses craintes. Mais dans ce cas, vous renoncez probablement à tout espoir de gain futur. Ce qui nous intéresse présentement, c'est au rebours de chasser ce sentiment d'inconfort. Pour se faire, il est nécessaire de se conditionner pour affronter sereinement ce type de situation. Un bon exercice consiste à répertorier les atouts de votre stratégie, et de s'y tenir. Nul besoin d'une expérience démesurée, soyez simplement apte à saisir l'opportunité qui vous sera offerte de céder dans quelques mois des titres acquis à 50% de leurs valeurs. Cherchez-vous le bien-être superficiel ou préférez-vous appliquer votre stratégie avec conviction et caractère. La meilleure méthode consiste sans doute à affronter vos peurs sans s'étendre sur la situation présente.

" La meilleure méthode consiste sans doute à affronter vos peurs "

En jouant de ces enseignements, ne cédez pas aux larmes de soulagement. Vivez l'excitation de gains futurs en maintenant une méthode éprouvée. Conservez vos titres en période de turbulence.

Je me souviens de ce groupe d'investisseurs au profit desquels j'animais une réunion d'un soir dans le 8e arrondissement. J'avais précédemment établi la rencontre d'un d'entre eux dans les allées ombragées du château de Chantilly lors du premier « Arts & Elégance Richard MILLE », c'était en 2014. Ce qui fait le charme de ce type de rassemblement, c'est naturellement d'installer son réseau. J'espérais une bataille de Zinzins, mais elle n'eut pas lieu ; quelques banques régionales tout au plus. Je me hâtais donc de fournir mes cartes de visite et parmi eux, restait un jeune et prometteur pilote automobile de renommée internationale. Il me fut dirigé par le propriétaire d'un haras local, ami de la famille. L'homme était élégant, chic. Il avait vêtu pour l'occasion un blazer bleu marine, à l'image des cabans de la Royal Navy.

Zinzins

Abréviation phonétique des « z'investisseurs z'institutionnels », les « zinzins » sont les institutions financières collectant l'épargne et l'investissant sur les marchés. Parmi eux, les assureurs, les banques, les fonds de pension, et autres fonds spéculatifs...

Certainement pour conjurer le sort, car on me fit savoir qu'il vira de bord lors d'une traversée de plaisance entre Nice et Bastia.

A cette occasion, il me partageait ce sentiment de culpabilité qu'il put éprouver lorsqu'il se soulagea de 40 000 euros d'actions, pour la majorité en moins-values. Je considérais pour ma part qu'un pilote automobile devait se reconnaître des qualités de gestion du stress, de concentration, ou de bons réflexes. Il n'était pourtant pas du genre comique, mais il n'est pas rare qu'un investisseur confonde psychologie et stratégie d'allocation d'actifs. Ce devait être aussi vrai pour les pilotes.

Acceptons que cette situation puisse être commune.

A RETENIR

SOYEZ PATIENT ! CONSERVEZ VOS TITRES EN PERIODE HOSTILE.

LE BLE TENDRE

En ce mois d'août 2009, le temps était venu de penser aux prochains semis. En se fondant sur les années précédentes, le père Bonifassi avait identifié quelques variétés de blé tendre. D'usage, il semblait désireux de ne pas multiplier les espèces. D'autant que compte tenu des plus de 300 variétés inscrites au répertoire national, il eut bien été en peine d'en analyser les qualités de chacune. Sans offenser les paysans, si le catalogue national offrait un éventail presqu'aussi vaste que les titres du S&P 500, s'exprimer avec précision sur chacune d'elles eut été absurde. Il avait donc défini un compromis entre précocité, rendement et résistance. Il savait aussi que pour valoriser une récolte, mieux valait la qualité qu'une importante diversité d'espèces. Il fixait donc ses points d'analyses à l'échelle de la ferme puis, de chaque parcelle en prenant soin de ne jamais dépasser une poignée de variétés. Ce point de vue était intéressant en ce qu'il appliquait la même méthode quant à la sélection de ses titres.

Là où les analyses vous préconisent fermement la détention de 15 à 30 titres dans votre portefeuille d'actions, Bonifassi n'en possédait que 3 ou 4. Pourquoi diable se mettre dans l'inconfort en multipliant les entreprises dont vous ignorez la plupart du temps les rentabilités et valeurs de cash-flows. Non, il préférait concentrer son regard sur quelques établissements. En évitant toute surenchère de diversité, il renforçait chaque jour davantage ses capacités d'analyses et de réactions sur les titres détenus. Il lui aurait été d'ailleurs bien insupportable de ne pas connaître les caractéristiques essentielles des entreprises détenues. Il fixait donc ses points d'observations en mixant valeurs cycliques et défensives tout d'abord, puis au niveau micro sur les entreprises sélectionnées.

En dehors du prix d'acquisition, les plus-values d'une action ne pouvaient naturellement échapper à ses critères décisionnels. Mais à l'instar du blé tendre pour la production, la régularité des dividendes lui paraissait tout aussi importante.

En agriculture, la plupart des maladies additionnées aux risques géographiques demandent à affiner le choix des variétés. L'idée qu'une même céréale jouisse de toutes les résistances aux maladies étant fantaisiste, le père Bonifassi *avait défini une sorte de hiérarchie des risques. Cette action avait agi comme un levier agronomique et plus largement, comme protecteur des cultures.*

" Le bon sens agricole au profit de ses titres "

Et c'est ainsi qu'il appliquait sans doute la plus perspicace des stratégies : le bon sens agricole au profit de ses titres. En effet, en investissant sur des titres que plus personne ne regarde, en positionnant des BUY en période de tempête, en faisant acquisition d'actions à 50 % de leur valeur, en ignorant les presses spécialisées ou encore en limitant son panier d'actions à 3 ou 4 titres, il venait probablement de créditer au Bon Sens, une certaine forme d'évidence.

De cette sorte, il concluait avec bénéfice son baptême d'investisseur puisque fidèle à sa stratégie, il revendait le 21 août 2009 la totalité de ses titres : 12 euros pour Crédit Agricole SA, 39 euros pour Total et 64 euros le 25 août pour L'Oréal.

Le succès des concepts élaborés sur une importante diversité d'actions ne peut être banalisé. S'il reste judicieux de suggérer une diversification, la connaissance de chaque titre reste non moins importante. Un certain nombre de signaux demeurent à appréhender en amont de chaque acquisition notamment un Bull du titre. Adopter un nombre significatif de lignes c'est parfaire le risque de se tromper. A vous de lutter contre l'idée qu'en

BULL

Expression anglo-saxonne désignant un avis haussier d'un marché ou d'une action en référence au taureau qui balance ses adversaires de haut en bas.

multipliant vos actions, vous multipliez vos chances de jouer un bon coup. Pour un particulier, il est en outre probable que les temps de réaction et d'analyses soient inversement proportionnels à une multiplication de titres au sein d'un compte d'instruments financiers. Si vous désirez accroître vos lignes, n'en attendez pas de récompense sans exigence préalable. Le caractère de chaque action doit être soigneusement appréhendé sous peine de déception et cette exigence est inévitable pour le bon aboutissement de vos investissements.

Cette situation peut nous être favorable en adoptant une sélection délicate de seulement quelques titres. Apprivoisez jour après jour votre top 4, et procédez à de subtils mouvements d'achats/ventes selon l'ordre des choses.

Pour l'anecdote et en ma qualité de distributeur, j'avais la préférence d'être mandaté aux réunions trimestrielles de la société Carmignac Investissements. Les démonstrations avaient lieu au Pavillon Gabriel, avenue des Champs Elysée à Paris. Et c'est là que ce grand personnage m'empêchant malencontreusement le passage, me fit trébucher par-delà l'escalier menant aux gogues. Ce fut une grande étape de ma vie lorsque je fis la connaissance de ce notable, qui n'était autre que professeur d'université, enseignant émérite d'une grande école parisienne. Triomphant d'une renommée nationale, je m'étonnais néanmoins de sa présence en ces lieux ; l'idéologie de droite aurait-elle endommagé le monde intellectuel ? Parfaitement reboutonné, il m'entraîna alors dans la salle de réception, comme pour se disculper de sa faute. Et dans une adoration amplifiée, il se mit à m'exposer les fondements de la crise chinoise de septembre 2015. Il s'avère qu'il enseignait l'économie des pays émergents et à ce titre, me suggérait des scénarios de sorties de crises des plus réconfortants, aux plus terrifiants. L'histoire put paraître insignifiante si au moment même d'examiner l'allocation d'actifs idéale, il me prescrivait la recommandation de ne dépasser une poignée de titres vifs dans la grande majorité des situations. Il prenait soin de ses actions comme d'un visiteur et par voie de conséquence, chérissait plus la qualité que la quantité. Mais comme il lui était difficile de juger la qualité, il préférait se limiter à une petite quantité de titres, ordinairement adaptés à son champ de compétence.

" Ne pas dépasser une poignée de titres vifs "

A RETENIR

DEFINIR SA MAP TITRES, SELECTIONNER 3 OU 4 VALEURS, ET S'Y TENIR.

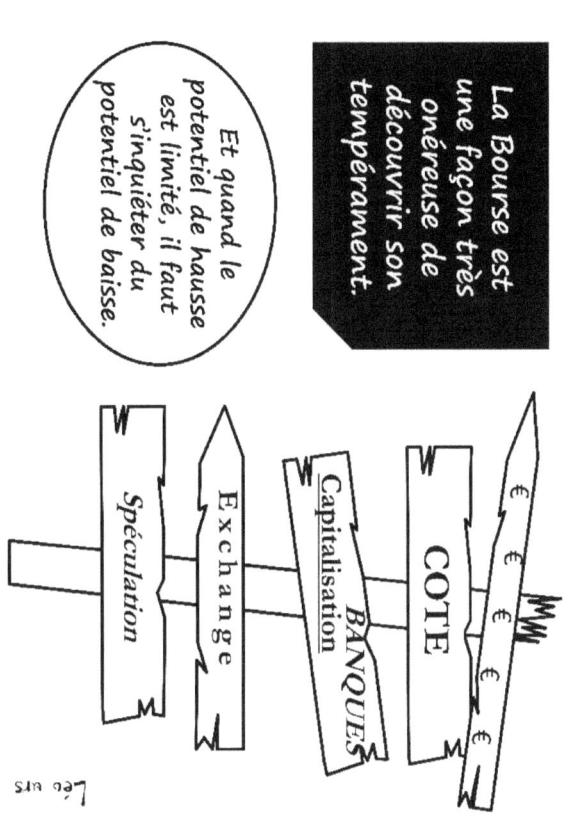

LE LABOUR : SIMPLE MAIS EFFICACE

Son grand-père maternel d'usage si discret, avait eu 7 filles. Sa tante Lucie qui n'avait pas eu de descendance, lui avait légué quelques terres du côté de Saint Florentin. Exposées sur le flanc Ouest au lieudit des Avrolles, elles avaient la qualité de sol intermédiaire de type limons argileux. Et c'était une affaire délicate puisque Bonifassi, *en sa qualité de digne héritier, avait entrepris de perfectionner son labour sur ces quelques parcelles il faut bien le dire, peu généreuses. Je me souviens l'avoir reçu en agence mi-septembre frais comme un jeune étudiant. Toute son expérience l'incitait à croire qu'en investissant dans un Strip-till (qui permet le travail du sol en bande), il optimiserait inévitablement ses coûts de production. Il avait d'ailleurs pu manœuvrer l'outil lors d'une de ces manifestations agraires du côté de Saint-Fargeau. Cet essai eut été suffisant pour lui administrer la preuve de son efficacité, et c'est ainsi qu'il validait notre proposition de financement.*

Dès les premiers essais, il put constater que l'engin ne supportait pas toutes les surfaces. Le premier passage eut lieu fin octobre et la terre n'était plus complètement ressuyée. Si l'outil pouvait être intéressant notamment pour le maïs, il devait être utilisé sur sol friable.
Il faut dire que si cette technique de travail était dite simplifiée, la conception de l'engin et les

prérequis géologiques appelaient de leurs côtés, une certaine forme de complexité. Chasse-débris et autres disques gaufrés ne pouvaient assurer de bons fonctionnements sur sol semi-plastique. Si le Strip-till pouvait avoir un intérêt sur terre friable, il demeurait délicat dans son utilisation en sol humide voire semi-humide. Dans ce cas précis, il était préconisé de manœuvrer deux passages, un à l'automne, et un deuxième plus tardif au printemps et nonobstant cela, il pouvait encore être constaté un émiettement insuffisant. En revanche sur sol léger, celui d'automne était à proscrire.

Une fois le semis réalisé, il fallait en outre réussir la levée (montée des plants). Le secret de l'efficacité de cette deuxième étape consistait en une pousse concomitante du maïs semé, et des herbes résiduelles d'entre les rangs. Cette levée synchrone s'inscrivait comme incontournable et compliquée.

Si cette technologie n'était pas rédhibitoire, Bonifassi concluait malgré tout que le choix de la bonne combinaison restait complexe (d'autant que susceptible d'évoluer au fil de l'hiver). Trouver le bon créneau en sol humide était trop incertain.

En bon élève, il procédait néanmoins au second passage courant mars 2010 (c'est à ce moment crucial que les graines de maïs sont ensevelies).

S'il s'interrogeait fortement sur la bienfaisance de son nouvel outil, il ne lâchait rien à son rituel hebdomadaire. C'est ainsi qu'en pratiquant efficacement un suivi régulier du CAC 40 et de sa Map Zone personnelle, il constatait depuis plusieurs semaines un désengagement des investisseurs sur le marché actions. L'occasion pour lui de réviser plus en détail la proposition commerciale qui lui avait été faite par notre conseiller en gestion de patrimoine. Il s'agissait là d'un fond à formule offrant une promesse de 5 % de rendement brut par an sur 8 ans, avec une garantie en capital à terme (fonds bloqué 8 ans). L'offre semblait séduisante. Cependant et à l'instar du Strip-till, s'il demeurait là un produit commercialement simplifié par son fonctionnement, son élaboration technique en était tout autre. Il faut dire que les méandres des parts investies en actions au sein de ce type de fonds avaient désarçonné plus d'un gérant. C'était le fruit d'algorithmes aussi puissants que nombreux, dignes des plus grands robo-advisors du moment. Mais Bonifassi, *dans son bon sens paysan, préférait expérimenter le réel et l'aventure du Strip-Till avait disons, renforcé cette conviction. En préférant la simplicité à la complexité, il s'assurait la bonne compréhension de ses investissements. Il avait jadis passé*

" En préférant la simplicité, il s'assurait la bonne compréhension de ses investissements

beaucoup de temps à explorer les produits dérivés. Pourtant, Warrant, Option Négociable et autre Tracker n'avaient jamais retenu son attention. Si le plaisir était mutuel d'échanger ensemble sur ce type de véhicule financier, il ne les avait jamais inventoriés dans son portefeuille.

L'histoire allait se répéter puisqu'en appliquant ce principe de simplicité des investissements, il menait l'action décisive de se repositionner sur les titres vifs. Son panel d'actions méritait attention puisqu'un des titres était passé sous la barre de l'attendu. En ré appliquant sa méthode d'analyse, il jugea bon de ré acquérir l'intégralité de sa MAP. C'était le 04 Juin 2010.

Au mois d'octobre, il dût faire le constat d'une récolte insatisfaisante. Les deux ou trois années qui suivirent n'ont donné que des résultats similaires. Statistiquement, le Strip-till, simple d'utilisation mais d'ingénierie plus complexe, n'avait offert que des rendements plus faibles. Il abandonna ce type de semis et ré entreprit la simplicité du labour traditionnel.

La question de la complexité des véhicules financiers est importante. Le contrôle des pratiques commerciales en banque et assurances ne cesse de se renforcer (AMF, ACPR...). J'ai souvenir de ce couple de clients qui, à l'issue d'un entretien commercial avec un de mes conseillers dynamiques, avait en soi trouvé le personnage compétent, mais n'en avait compris aucune des préconisations commerciales. Ils souhaitaient simplement ouvrir un compte titres...

Ces types de supports n'ont rien de confortables et sont pour la plupart édifiants de complexité. Les informations superficielles qui vous sont livrées par les réseaux retails servent le plus souvent gérants, sociétés de gestion et autres réseaux distributeurs. Prenons le cas de la simplicité apparente d'un fonds à formule ; s'il peut écarter certaines de vos craintes, ne soyez pas en attente de bénéfices extravagants. Ils ne serviront tout au plus qu'à compenser frais de gestion et l'inflation courante. Il s'agit là de supports destinés à fidéliser le client (fonds bien souvent bloqués), et à alléger les besoins en capitaux propres (Ratio BALE III et Ratio de Solvabilité) des organismes : par la décollecte de votre fonds euros sur votre assurance vie par exemple (des Unités de Comptes vous seront alors présentées).

" Ne pas montrer de volonté d'acquérir des fonds complexes "

Ainsi, je pense qu'il est souhaitable de ne pas montrer de volonté d'acquérir de fonds complexes comme les warrants ou autres options négociables réservés aux professionnels. A vous de trouver la prochaine Blue Chip. S'agissant

> **Blue Chip**
>
> Les actions de grande qualité sont nommées ***Blue Chips*** en référence au Poker ou les jetons de très grande valeur sont de couleur bleu.

des OPC, un certain nombre d'entre eux restent opaques, les promesses de gains fortement limitées, et les frais de gestion des contrats souvent rédhibitoires.

Lorsque j'étais jeune conseiller, je choisis de me rendre aux Césars de l'assurance vie et de la prévoyance, sorte d'évènement décisif de la profession. Le service de sécurité me parut peu intéressé et comme je ne possédais pas d'invitation, j'en profitais pour me glisser entre les convives. Il y avait là des gens fréquentables mais il m'était difficile de les identifier compte tenu qu'ils avaient tous le même costume. Parmi cette flottille de cadres dirigeants et les largesses du buffet, je retenais tout à coup mon souffle quand un illustre administrateur d'un groupe du CAC 40 me fixait du regard. Je lui en étais immédiatement reconnaissant mais je saisis vite que ce regard accrocheur, était le fruit d'une infirmité. Le pauvre homme souffrait de strabisme divergent et allait donc s'exprimer devant l'assemblée.

Malgré cette déconvenue, je n'étais pas peu fier que de faire partie de ce clan, non invité peut-être, mais considéré quand même. Après un diffus sifflement de micro, il rappelait quelques lieux communs en appelant de tous ses vœux une hypothétique reprise des fonds souverains, qui d'aventure ne se produisit pas. De notoriété, j'admets pourtant qu'il avait accompli quelques exploits mais ma désillusion fut belle lorsque un journaliste, pourtant ordinaire, le paralysait en l'interrogeant sur la constitution d'un de ses fonds spécialisés. Je découvris ce jour-là que les plus grands dirigeants eux-mêmes ignoraient tout de l'architecture de leurs propres supports.

Je ne me suis jamais plus senti en sûreté parmi les fonds complexes.

A RETENIR

PRIVILEGIEZ LA SIMPLICITE PAR L'ACQUISITION DE TITRES VIFS. LES POTENTIELS DE GAINS EN SERONT D'AUTANT PLUS ELEVES.

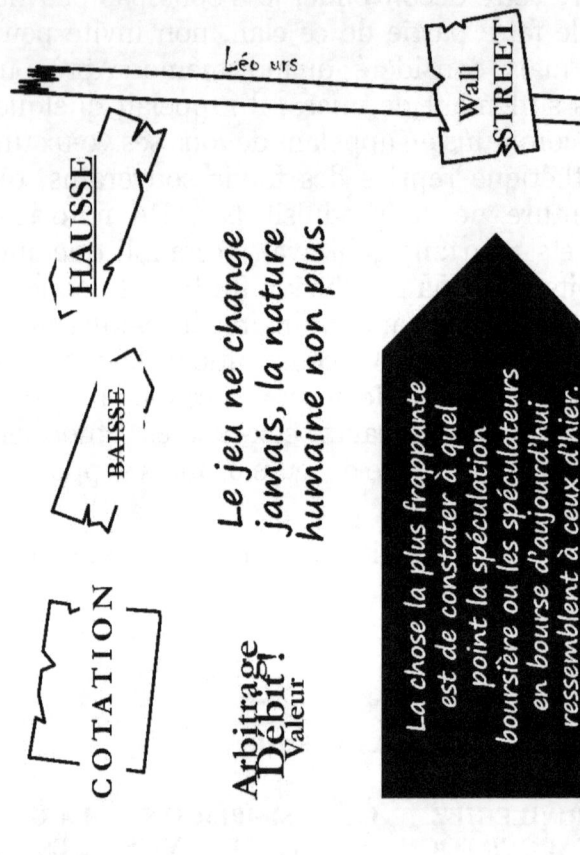

AGRICULTURE BIOLOGIQUE

Fin 2010, j'organisai une visite clientèle au domicile de sieur Bonifassi. Je suis d'une manière générale confiant commercialement et je crois pouvoir le dire, j'avais pour espérance la signature d'une assurance décès. Ne voyez pas d'attitude perverse en ces propos, il s'agissait là de contenir le « risque fiscal » qui put être subi par ses héritiers en cas de disparition prématurée. En tout bon commercial, je concluai ma présentation par le fait que le capital restant dû des prêts professionnels couverts par une assurance, intègre en cas de disparition prématurée le compte de résultat en résultat exceptionnel. Ce dernier remontant dans le bilan de sa société, aurait impacté à la hausse le calcul de son actif successoral (ici la valeur des parts), et par voie de conséquence, les frais collatéraux (succession, impôt sur le revenu, MSA).

Coup de folie (ou vente ratée...), il repoussa ma proposition. Le PSR (Part Sans Rien) récidivait. Il faut dire que depuis une petite vingtaine d'années, il s'était essayé à l'agriculture biologique. Mais la plus grande des qualités pour se lancer dans ce périple à l'époque, était certainement la folie. Peu de R&D, aides publiques inexistantes et formations parcellaires avaient rebuté plus d'un prétendant. Mais dans la « conduite nouvelle » qu'il souhaitait impulser à son exploitation, les habitudes les plus anciennes devaient être revues. Quelques ouvrages spécialisés jonchaient la table de la salle à manger. Je tentai la discussion mais fidèle à sa timidité, il avait du mal à parler de lui-même et je ne pus tirer que maigre partie de ses explications sur le sujet. Je compris bien plus tard que, dans une certaine forme de talent, son agriculture avait anticipé les épisodes du bien manger, de la vache folle ou autre écologie durable que nous connaissons aujourd'hui.

Au demeurant, l'agriculture intensive venait de toucher le plafond de verre et sans s'étendre sur son idéologie, il espérait simplement le meilleur programme pour son agriculture, autant que pour ses titres. Et pour procéder au rapprochement de ces deux agricultures, il lui suffisait de définir des priorités.

Bonifassi *considérait que l'agriculture biologique était avant tout une forme de contestation de l'agriculture traditionnelle, et il allait bientôt raccrocher cette idée, à la gestion de ses titres. Il avait noté que chaque investisseur/agriculteur se différentiait selon le positionnement de ses priorités. La notion d'autonomie dans le choix de leurs titres/plants, la course au rendement (Plus-Values/Quintaux à l'hectare) et finalement le plus souvent un arbitrage à l'emporte-pièce après chaque crise (Subprime / Vache Folle), imposaient à ces deux univers, une clarification des conditions d'arbitrages.*

S'agissant de l'agriculture biologique, il avait notamment observé qu'une grande fréquence de passages, conséquence du poids des tracteurs, amenuisait le rendement. Cela provoquait un compactage et l'imperméabilité du sol.

" Plus les nombres d'ordres étaient élevés, moins les profits étaient importants "

Dans les mêmes proportions, il avait décelé que plus les nombres d'ordres de bourses étaient élevés, moins les profits étaient importants.

S'il m'était bien difficile de réaliser le lien entre ces deux situations, je me devais cependant de constater la bonne correspondance des résultats obtenus. Ces propos étaient extrêmes mais il n'appréciait pas d'évoquer ces situations qui vous mettent à découvert. Je n'en découvris pas plus sur ses éléments d'analyses.

Il concluait qu'excepté les chasseurs de trésors (Day tradeurs), il fallait privilégier l'inactivité à l'activité, au risque d'engloutir tous ses profits.

" Préférez l'abstention au Day Trading "

Les places financières s'accommodent de plusieurs milliards de titres échangés chaque jour. Les conduites rituelles poussent à croire qu'un nombre important de transactions en bourses génèrent profits et plus-values. Cependant, ces conduites à risques (Day Trading ou Gérants de fonds compulsifs) décrivent le plus souvent un manque de stratégie à long terme. Le dogme du spéculateur faisant fortune en quelques jours demeure plus de la farce que de la réalité. Je soupçonne les acteurs de ce type de pratique de ne réfléchir que par l'entremise de la macroéconomie ou autre géopolitique. A moyen ou long terme, vous observerez que ces pratiques restent improductives et risquées.

Et bien procédez ainsi, préférez « l'abstention » au Day trading. Bien des écueils pourraient être évités en limitant les fréquences d'ordres de bourse à chaque soubresaut des marchés. Les plus grands gérants de la place se sont aujourd'hui écartés de ce type de pratiques controversées. Ils communiquent au contraire sur la qualité des entreprises sélectionnées, en détaillant les Opex/Capex, en décortiquant la croissance organique ou externe de la société de

> **Day Trading**
>
> Il s'agit d'effectuer des allers-retours rapides sur les marchés, tenant ses positions de quelques minutes ou quelques heures sur une même journée.
>
> Pratique hautement spéculative où la plupart des day traders perdent de l'argent...

production, en évoquant une entreprise et non une action. Exposez-vous qu'à vos seules convictions initiales et maîtrisez vos craintes à chaque inflexion du cours. En investisseur expérimenté, nous sentons nous plus ridicule en analysant sereinement une situation, ou en adoptant sottement la peur du névrotique ? La sagesse vous invite au contraire à faire preuve de timidité. Gardez la foi, et limitez les expériences. Une clé importante de la réussite est de ne pas s'écarter de l'objectif. Achetez le titre de 50% à 60 % de sa valeur, puis cédez-le passé 30 ou 40 % de plus-value. Toute autre transaction n'est pas requise.

Courant septembre 2015, c'est pour marquer ma générosité d'esprit, que je participais à l'Evian Championship. Haut lieu des affaires puisque pendant que ces dames échappaient le temps d'un weekend à leurs époux fortunés, ils se tenaient quelques ralliements prisés des libéraux aux seins desquels des banquiers de premier ordre, entendaient bien se positionner en alternative. L'endroit était soigneusement gardé secret et récompensait les patrimoines financiers supérieurs à 20 millions d'euros. Parmi certains incrédules, j'abordais ce soir-là un héritier issu d'une famille Bernoise qui donnait dans les audits financiers et autres commissariats aux comptes. L'homme était élégant. Il chaussait une paire de gants de cuir issus des ateliers de Chaumont, signe authentique d'éducation. C'est ainsi que je regrettais de n'avoir depuis si longtemps pu coudoyer un gentleman de cet ordre. Cela peut vous paraître absurde mais nous passâmes la soirée à faire échanges de nos bonnes pratiques respectives sur l'opportunité de multiplier les ordres. Au terme de quelques compliments mutuels, nous reconnaissions l'absurdité du Day Trading, et dans une intolérance juvénile, quittâmes la séance.

A RETENIR

LIMITEZ LE NOMBRE DE VOS TRANSACTIONS A CELLES DEFINIES DANS VOTRE PLAN INITIAL D'INVESTISSEMENT.

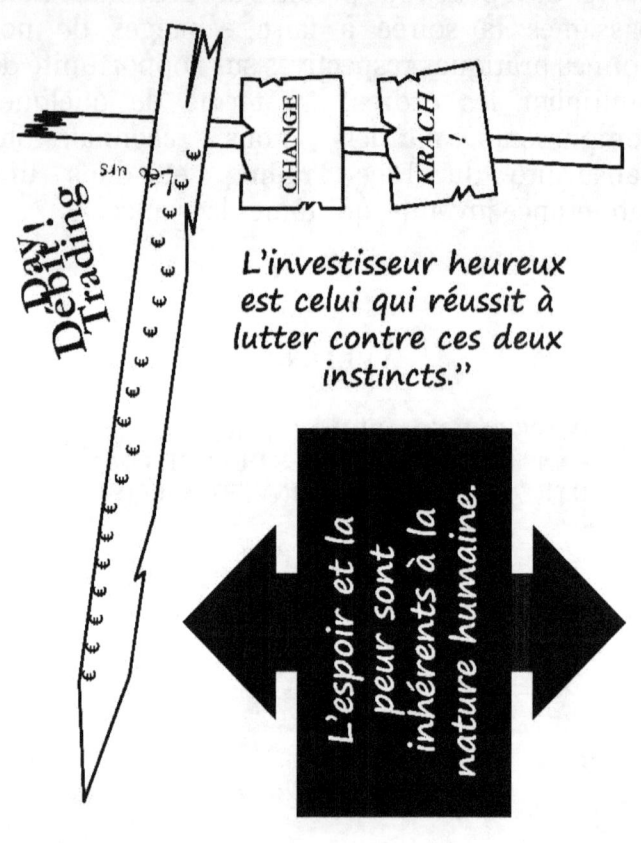

CONCLUSION

Chaque investisseur aborde la bourse avec le sentiment qu'il agira différemment des autres, vous savez, ceux qui perdent ! Je ne cherche pas à opposer l'enseignement universitaire au bon sens paysan, mais force est de constater que ce dernier eut toujours été profitable. Si naturellement, il ne peut être considéré comme une vérité, les résultats obtenus lui sont souvent favorables. Le bon sens paysan va bien au-delà qu'une simple sélection de titres ou de variété de blé. La bourse est en effet une « matière » variable et perfectible, chacun peut s'améliorer. Chaque investisseur lutte tout d'abord pour son existence, ensuite envers et contre ses contre-performances.

Nous avons vu que la plupart des erreurs d'investissements étaient liées aux degrés successifs de nos émotions qui par nature, sont alimentées par les presses spécialisées. Perdre en bourse n'est que rarement le fruit de lacunes d'informations.

"Adoptez le comportement de ceux qui sont différents"

Non, le plus étrange, c'est bien l'amnésie dont nous faisons état face aux marchés. Beaucoup d'acheteurs préfèrent sacrifier leur feuille de route au profit de leur sécurité immédiate. Et bien adoptez le comportement de ceux qui sont différents. Ecartez comme Bonifassi vos tendances à agir selon la météo économique et évincez tout commentaire de séance de marché.

Autre difficulté, il est sans doute particulièrement difficile de s'écarter du conformisme. Les investisseurs amateurs voire rompus aux marchés restent souvent de fois circonspects face aux entreprises en devenir. Pourtant, jeter son dévolu sur des entreprises de qualité, pilotées par des dirigeants de qualité, bénéficiant de cashflow & rentabilité semble être la meilleure option ; même si à un moment donné, les acheteurs s'en détournent. Ignorez les théories des courtiers en ayant une curiosité naturelle, même si cela semble contraire au mouvement général. Votre phase préparatoire consiste ainsi à parcourir les entreprises en devenir que (plus) personne ne regarde, détenant trésorerie et rentabilité solides. Il est inutile de chercher à comprendre comment faire des profits sur un choix de titres prisés par 95% des investisseurs. C'est bien évidemment peu probable. Bien au contraire, quittez ces mouvements stériles, et profitez-en pour acquérir ces titres 50 ou 60 % de leur valeur présente (ou future).

" Acquérir ses titres à 60 % de leur valeur "

Parmi les inaptitudes, subsiste une particularité propre à beaucoup d'investisseurs. Certains déterminent en effet leur map personnelle en partie par l'acquisition de titres inconnus (non étudiés). Les résultats de ces agissements paraissent prouver que les probabilités d'obtenir des gains sur ces titres restent faibles. Mais au final rien de surprenant puisque nos émotions sont profondément modifiées par les informations médiatiques. Les sociétés cosmétiques tirent leur épingle du jeu, et hop, nous insérons un titre de cette catégorie. Les laboratoires pharmaceutiques profitent de conditions de marchés favorables, et voilà que nous renforçons notre portefeuille. Les obligations hybrides étonnent par leur rentabilité, nous les souscrivons pour une durée perpétuelle.

" Nos émotions sont profondément modifiées par les informations médiatiques "

La vigueur de certains marchants (sites spécialisés, conseillers patrimoniaux, banquiers privés…) modifie sans aucun doute notre jugement. Par peur de manquer la bonne affaire, nous sommes tentés par l'acquisition impulsive de titres non appréhendés. Des changements considérables peuvent pourtant intervenir au fil des mois ou années qui suivent une annonce. Et bien partez à l'opposé et n'achetez que ce que vous connaissez. En ayant soigneusement analysé les entreprises (dirigeants, cashflow/rentabilité/micro) et leurs cours sur les 10 dernières années (dans cette hypothèse), vous augmenterez considérablement vos chances de plus-values. Imaginez que vous deviez vous rendre d'un point A à un point B ; et que ce rendez-vous soit engageant. Allez-vous préférer les conditions parfaites des transports en commun (quitte à prendre le premier train), ou votre overboard puissant, mais dont les conditions de sécurité et d'autonomie vous sont inconnues.

Certes, quelques cas isolés de réussites se trouvent aux quelques coins du globe, mais peu ont suffisamment rayonnés pour nous attacher à cette méthode. Si vous voulez réaliser de belles affaires, réalisez que vous n'auriez pas épousé votre moitié sans la connaître.

N'achetez que ce que vous connaissez.

S'agissant des handicaps, une autre conséquence de nos échecs est générée par notre besoin discontinu de suivre les mouvements de foule. Nous croyons en l'espèce humaine et par là-même, en suivons les migrations. J'ai cherché à comprendre comment après tant d'écueils, les investisseurs de tous ordres pouvaient ignorer les leçons du passé. La bourse est en période haussière, une action puissante d'acquisitions est observée. Celle-ci chute, chacun atténue son portefeuille d'autant. Ces divers changements offrent pourtant des opportunités réelles d'entrées, ou de sorties des marchés. En reliant chaque crise aux autres, vous comprendrez qu'il n'y a rien de délicat à investir en période de turbulence, bien au contraire.

La difficulté est d'expliquer les bienfaits de l'immensité qui sépare le peloton, de vous, et il est légitime de se demander pourquoi tous vont à l'Ouest, et vous à l'Est.

" Ce qui handicape l'investisseur, c'est son impuissance face à l'hyperactivité "

Une part de réponse prend tout bonnement sa source dans la maîtrise de nos émotions. En tout bon être organisé, nous fuyons les situations insécurités. Nous devons pourtant nous rappeler que les cas de non reprise de titres sont forts rares en « Large Cap », toute précaution gardée sur la bonne préparation initiale de votre Map. A vous de chaîner cette énergie qui vous paralyse.

Jetez un voile sur vos habitudes, et privilégiez les acquisitions de votre Map Titres en période de turbulence.

La grande différence entre un bon et un mauvais investisseur, est sans aucun doute sa propension à maintenir une certaine sérénité, et à conserver ses valeurs en période agitée. Les sociétés modernes ont profondément modifié notre rapport à la patience, et cette attente est souvent considérée par les acheteurs comme une perte de profits. Pourtant la patience est une des plus grandes vertus. Il est probable qu'elle soit même majeure dans tout processus d'investissement. Prenez le cas du Day Trading (opérations d'achat/vente dans la journée). Tout professionnel saura vous confirmer que ce type d'opération reste largement déficitaire et penser l'inverse serait absurde. Mais plus remarquable, être patient c'est souvent faire de merveilleuses plus-values.

Dans le cas contraire, ce qui handicape l'investisseur, c'est son impuissance face à l'hyperactivité. Toute moins-value crée la parfaite condition de l'angoisse et il n'y a rien d'étonnant à souhaiter se séparer de ses titres. Pourtant, en se préservant d'actions trop hâtives, vous resteriez en accord avec votre itinéraire initial. A vous de temporiser vos frustrations en conservant vos actions coûte que coûte. Cette attitude est pré-requise dans l'hypothèse ou bien entendu votre processus de sélection de titres est conforme.

Mettez à profit votre persévérance. Soyez patient, et conservez vos titres en période de moins-values !

⭐

Il fut longtemps considéré comme universel la détention de 15, 20 ou 25 titres dans un portefeuille. Si cela reste un minimum pour un investisseur professionnel, plusieurs d'entre nous s'accordent à dire qu'au profit d'un investisseur amateur, la fertilité d'une telle détention n'est pas probante. Ce type d'allocation amenuise vos temps de réaction, et diminue considérablement votre aptitude à suivre l'évolution de ces entreprises (sans compter les frais de garde). Une telle distribution demande du temps et une certaine forme d'apprentissage. Nous devons nous rappeler que nous n'avons aucune raison de multiplier les lignes. Tout d'abord établissez votre Map Zone (mixte cycliques/défensives selon votre appétence, puis choisissez votre domaine : pharmaceutique, matières premières, banques etc., puis votre zone géographique : pays émergents, zone euros, états-unis etc.).

En dernier lieu définissez votre Map Titres. Il s'agit pour un investisseur amateur de sélectionner 3 ou 4 valeurs tout au plus. Pourquoi élargir la surface alors que quelques titres bien choisis suffisent. Pourquoi multiplier les couches, et ignorer le temps que vous allez devoir passer à suivre une à une ces actions. Je pourrais vous conter ici les multiples rencontres de PEA aux allocations douteuses. Tous ceux conservés en l'état ont subi des pertes considérables. Non par conséquence de la diversification bien au contraire, mais par une accumulation d'écueils comme la connaissance superficielle de certains titres ou le manque de temps consacré au suivi des entreprises détenues (changement de dirigeant, évolution des cashflow, rentabilité économique...) par exemple.

" Sélectionnez 3 ou 4 titres et s'y tenir "

En synthèse, définissez votre Map Zone, sélectionnez 3 ou 4 titres, et s'y tenir.

Comme tous bons apprenants, nous sommes tentés de nous intéresser aux véhicules financiers dits, complexes. Cela est comme une suite logique à notre apprentissage initial. Aussi sérieux soient-ils, nous restons cependant vides de connaissances sur la compréhension de leurs compositions et donc impuissants. Cette difficulté dont j'ai moi-même éprouvé les conséquences, c'est notre rapport inopportun aux produits spécifiques (Warrants, Options Négociables...). Manifestement pour apaiser nos complexes par-devant les professionnels, la tentation est grande d'acquérir ce type de supports. Cependant leur

" Les supports spéciaux doivent être maniés avec la plus grande des précautions "

variabilité est importante et requiert à être rompu à ce type d'opération. S'il est évident que ces produits sophistiqués puissent être efficaces, la rapidité à laquelle vous pourriez subir des pertes l'est aussi. Ceux qui ont le plus de succès sont aussi ceux qui vous laissent sur le bas-côté.

C'est pourquoi ces supports spéciaux doivent être maniés avec la plus grande des précautions. D'une manière générale, ces véhicules supposent une parfaite connaissance du secteur financier ce qui est rarement le cas chez un investisseur amateur. Ils sont capricieux, et chacun admet aujourd'hui qu'ils restent déconseillés aux clients particuliers.
Privilégiez donc la simplicité par l'acquisition de titres vifs. Les potentiels de gains en seront d'autant plus préservés.

Enfin, on observe au sein des groupes d'investisseurs une vigueur d'usage à multiplier les ordres de bourse. Comme s'il s'agissait d'une condition de réussite, nous pensons que le succès dépend de cette volumétrie. Et bien privilégiez l'addition à la multiplication. Toutes les études démontrent que plus le nombre d'ordres est élevé, plus les pertes sont marquées ou dans le meilleur des cas, les gains finaux restent limités. Seule une juste sélection de vos titres peut vous assurer la victoire. Il fut soutenu qu'investir sur les marchés requérait une attention de tous les instants. Et bien s'agissant de ce point, je pense qu'un faible nombre d'ordres peut donner de grands résultats. A vous de considérer que vous ne détenez pas des actions, mais des entreprises. Limitez le nombre de vos transactions à celles définies dans votre plan initial d'investissement.

" Un faible nombre d'ordres peu donner de grands résultats "

Et Bonifassi dans tout ça. S'il est intéressant de contempler la réussite de cet homme, sa faculté à écarter les commentaires médiatiques, son audace à investir sur des entreprises délaissées, sa propension à n'acheter que dans son seul domaine de compétence, son aptitude à négocier seulement en période de turbulence, sa patience déroutante, sa disposition à ne pas multiplier les lignes de titres, sa facilité à ne pas acquérir de supports complexes et enfin, son habileté à limiter son nombre de transactions, il est palpitant de concevoir que cette réussite obéit à la loi du bon sens ; le bon sens pris dans sa définition la plus étendue.

Je conclus immédiatement à l'intelligence de cet homme, investisseur hors pair, lauréat des marchés bien malgré lui.

Un soir de printemps et en célébrant quelques plus-values, il me confiait les ruines de quelques esquisses synthétisant son analyse des valeurs d'acquisition des titres du CAC 40. Vous trouverez ces éléments en annexe ainsi que le détail de ses opérations d'achats-ventes.

Et vous, saurez-vous faire un bon usage du bon sens ou la faiblesse de votre caractère se traduira-t-elle par faire de vous, le plus exécrable des investisseurs, vous traînant vers la famine et le trépassement ?

BOURSE
Et si vous saviez déjà tout !

Avertissement : Ce livre a un but uniquement d'information. Il n'a pas pour objectif et ne peut être considéré comme une offre ou une sollicitation d'acquérir ou de vendre les valeurs mentionnées. Les informations contenues ne constituent pas un conseil d'investissement ni un conseil d'ordre financier, fiscal, juridique, comptable ou autre. En outre et pour conserver le secret professionnel, les personnages et les situations de ce récit sont purement fictifs, toute ressemblance avec des personnes ou des situations existantes ou ayant existé ne saurait être que fortuite.

Les citations présentées au sein des illustrations sont issues d'adages et lieux communs.

PETIT REGISTRE AGRICOLE

I. *Beaucoup d'investisseurs préfèrent sacrifier leur feuille de route au profit de leur sécurité immédiate. Et bien adoptez le comportement de ceux qui sont différents. Ecartez vos tendances à agir selon la météo des marchés.*

II. *Jetez votre dévolu sur des entreprises de qualité, pilotées par des dirigeants de qualité, bénéficiant de cashflow & rentabilité prometteurs mais plus important, que plus personne ne regarde.*

III. *Gardez le cap, n'achetez que ce que vous connaissez.*

IV. *Jetez un voile sur vos habitudes, et privilégiez les acquisitions de votre Map Zone en période de turbulence*

V. *Soyez patient ! Conservez vos titres en période de turbulence.*

VI. *Définir sa Map Zone, Sélectionnez 3 ou 4 titres, et s'y tenir.*

VII. *Privilégiez la simplicité par l'acquisition de titres vifs. Les potentiels de gains en seront d'autant plus élevés.*

VIII. *Limitez le nombre de vos transactions à celles définies dans votre plan initial d'investissement.*

PRECONISATIONS D'ACHATS DES TITRES DU CAC 40 SELON BONIFASSI

Légende :

- Gras = actions défensives
- Italiques : actions cycliques
- Soulignées : actions bancaires

TITRES DE CAC 40	IDEAL (en €)	MAX (en €)
Accord	20.02	25.21
Air liquide	56.42	67.71
Airbus	40.2	51.29
Arcelormittal	10.91	13.66
Atos	65.62	71.94
<u>Axa</u>	12.79	16.38
<u>Bnp</u>	38.5	41.25

Bouygues	30.22	33.85
Capgemini	43.4	69.21
Carrefour	7.69	16.22
<u>Crédit agricole</u>	8.90	9.78
Danone	46.58	50.86
Engie	14.92	17.25
Essilor	72.11	78.24
Kering	109.95	168.5
L'Oréal	60.53	72.35
~~*LafargeHolcim*~~	40.54	*nc*
Legrand	44.5	116.72
Lvmh	61.75	131.4
Michelin	60.49	73.6
Orange	8.31	10.85
Pernod Ricard	60.32	70.23

Peugeot	12.09	29.54
Publicis	35.45	41.55
Renault	43.22	49.86
Safran	25.21	55.21
Saint Gobain	29.82	62.01
Sanofi	46.81	72.89
Schneider	28.16	55.29
<u>Société Générale</u>	30.21	35.12
Sodexo	73.2	92.36
Solvay	55.30	87.11
Stmicroelectric	6.60	8.18
~~*Technipfmc*~~	22.72	nc
Total	35.87	45.12
Unibail-Rodamco	134.2	148.4
Valéo	27.28	41.2

Véolia	24.44	38.94
Vinci	40.2	45.1
Vivendi	18.43	20.1

LIBELLES DE SES OPERATIONS SUR 8 ANS.

Exemple pour Crédit Agricole SA.

DATES	TITRE CREDIT AGRICOLE S.A.
18/11/2008	Achat 8.36 euros
21/08/2009	Vente 11.99 euros
04/06/2010	Achat 8.35 euros
08/02/2011	Vente 11.82 euros
01/08/2011	Achat 8.28 euros
28/05/2014	Vente 11.95 euros
15/02/2016	Achat 8.25 euros
15/12/2016	Vente 11.27 euros
TOTAL	**312 %**

FICHES PRATIQUES

FICHE PRATIQUE
PEA BANCAIRE

Le PEA bancaire permet d'acquérir un portefeuille d'actions d'entreprises européennes tout en bénéficiant, sous conditions, d'une exonération d'impôt.

Le plafond est de 150 000. €

CONDITIONS D'OUVERTURE

Domicile fiscal

Vous pouvez ouvrir un PEA à condition d'être <u>domicilié fiscalement en France</u>.

Nombre de PEA par personne

Un seul PEA par personne peut être ouvert dans la limite de 2 plans par *foyer fiscal* (un PEA pour vous et l'autre pour votre époux/se ou votre partenaire de Pacs).

Les personnes fiscalement à votre charge (enfants par exemple) ne peuvent pas détenir un PEA.

À noter :

Vous pouvez cumuler un PEA bancaire et 1 PEA-PME.

Signature d'un contrat

Lors de l'ouverture du PEA, vous signez un contrat avec l'établissement bancaire.

La date d'ouverture correspond à la date du 1er versement.

VERSEMENTS

Seuls les _versements en numéraires_ sont autorisés.

Les versements alimentent un compte-espèces.

Les sommes versées sur le compte-espèces permettent d'acheter des titres qui sont alors inscrits sur un compte-titres.

Les titres suivants peuvent figurer sur un PEA bancaire :

- Actions, certificats d'investissement, parts de SARL
- Parts d'organismes de placements collectifs (OPCVM, Sicav, etc.)

Pour savoir si un titre peut figurer dans votre PEA, vous pouvez consulter son descriptif sur un site internet de bourse ou dans un journal spécialisé. Le descriptif du titre indique s'il est éligible au PEA.

Depuis le 6 décembre 2016, les sommes versées sur le PEA ne peuvent pas être employées à l'acquisition de titres détenus hors de ce plan par

- le titulaire du plan,
- la *personne avec qui il/elle vit en couple*
- ou leurs *ascendants* ou *descendants*.

RETRAITS

Avant 8 ans

Tout retrait avant 8 ans entraîne la clôture du plan (sauf en cas d'affectation, sous conditions, à la création ou à la reprise d'une entreprise dans les 3 mois).

Après 8 ans

Les retraits partiels après 8 ans n'entraînent pas la clôture du plan.

Le plan continue de fonctionner, mais il n'est plus possible de faire de nouveaux versements.

PLAFONDS

150 000 €

A noter :
Le PEA classique (bancaire ou assurance) et le PEA-PME étant cumulables, vous pouvez verser jusqu'à 225 000 € dans le cadre de ces plans.

FISCALITE

La fiscalité des revenus du PEA dépend notamment de la date des retraits.

Les revenus du PEA sont soumis aux prélèvements sociaux quelle que soit la date des retraits.

CLOTURE

Les opérations suivantes entraînent la clôture du PEA :

- Tout retrait avant 8 ans (sauf en cas d'affectation à la création ou à la reprise d'une entreprise dans les 3 mois)

- Non-respect d'une des conditions du fonctionnement (par exemple dépassement du plafond des versements)

- Décès du titulaire
- Après 8 ans, le retrait de la totalité des sommes ou valeurs et la conversion des capitaux en rente viagère

FICHE PRATIQUE
PEA ASSURANCE

Le PEA assurance est souscrit auprès d'une compagnie d'assurance. Il prend la forme d'un *contrat de capitalisation* en *unités de compte*. Les sommes versées sont investies dans des titres pouvant figurer sur un PEA bancaire.

CONDITIONS D'OUVERTURE

Domicile fiscal

Vous pouvez ouvrir un PEA à condition d'être <u>domicilié fiscalement en France</u>.

Nombre de PEA par personne

Un seul PEA par personne peut être ouvert dans la limite de 2 plans par _foyer fiscal_ (un PEA pour vous et l'autre pour votre époux/se ou votre partenaire de Pacs).

Les personnes fiscalement à votre charge (enfants par exemple) ne peuvent pas détenir un PEA.

À noter :
Vous pouvez cumuler un PEA assurance et 1 PEA-PME.

Signature d'un contrat

Lors de l'ouverture du PEA, vous signez un contrat avec la compagnie d'assurance.

La date d'ouverture correspond à la date du 1er versement.

VERSEMENTS

Le PEA assurance est constitué par un _contrat de capitalisation_ en _unités de compte_. La compagnie d'assurance enregistre le montant des _versements en numéraires_. Les sommes versées servent au paiement des primes et des frais liés au contrat.

Les supports d'investissement sont identiques au PEA bancaire, mais vous ne pouvez pas les acheter en direct :

- Actions, certificats d'investissement, parts de SARL

- Parts d'organismes de placements collectifs (OPCVM, Sicav, etc.)

Depuis le 6 décembre 2016, les sommes versées sur le PEA ne peuvent pas être employées à l'acquisition de titres détenus hors de ce plan par

- le titulaire du plan,

- la *personne avec qui il/elle vit en couple*

- ou leurs *ascendants* ou *descendants*.

RETRAITS

Mêmes conditions que le PEA BANCAIRE.

PLAFONDS

Mêmes conditions que le PEA BANCAIRE.

FISCALITE

Mêmes conditions que le PEA BANCAIRE.

CLOTURE

Mêmes conditions que le PEA BANCAIRE.

FICHE PRATIQUE
PEA PME

Le PEA-PME est destiné à financer les petites et moyennes entreprises (PME). Il fonctionne comme un PEA bancaire à l'exception du plafond des versements (75 000 €) et des titres pouvant y être investis.

CONDITIONS D'OUVERTURE

Domicile fiscal

Vous pouvez ouvrir un PEA à condition d'être <u>domicilié fiscalement en France</u>.

Nombre de PEA par personne

Un seul PEA par personne peut être ouvert dans la limite de 2 plans par *foyer fiscal* (un PEA pour vous et l'autre pour votre époux/se ou votre partenaire de Pacs).

Les personnes fiscalement à votre charge (enfants par exemple) ne peuvent pas détenir un PEA.

À noter :

Vous pouvez cumuler un PEA classique (bancaire ou assurance) et 1 PEA-PME.

Signature d'un contrat

Lors de l'ouverture du PEA, vous signez un contrat avec l'établissement bancaire.

La date d'ouverture correspond à la date du 1er versement.

VERSEMENTS

Seuls les _versements en numéraires_ sont autorisés.

Les versements alimentent un compte-espèces.

Les sommes versées sur le compte-espèces permettent d'acheter des titres qui sont alors inscrits sur un compte-titres.

Les titres suivants peuvent figurer sur un PEA-PME :

- Actions, certificats d'investissement, parts de SARL, de PMEet ETI

- Parts d'organismes de placements collectifs (OPCVM, Sicav, etc.) investis à plus de 75 % dans les PME ou ETI

Pour savoir si un titre peut figurer dans votre PEA, vous pouvez consulter son descriptif sur un site internet de bourse, ou encore dans un journal spécialisé. Le descriptif du titre indique s'il est éligible au PEA.

Depuis le 6 décembre 2016, les sommes versées ne peuvent pas être employées à l'acquisition de titres détenus hors de ce plan par

- le titulaire du plan,
- la *personne avec qui il/elle vit en couple*
- ou leurs *ascendants* ou *descendants*.

RETRAITS

Avant 8 ans

Mêmes conditions que le PEA BANCAIRE.

Après 8 ans

Mêmes conditions que le PEA BANCAIRE.

PLAFONDS

75 000 €

À noter :
Le PEA-PME et le PEA classique (bancaire ou assurance) étant cumulables, vous pouvez verser jusqu'à 225 000 € dans le cadre de ces plans.

FISCALITE

Mêmes conditions que le PEA BANCAIRE.

CLOTURE

Mêmes conditions que le PEA BANCAIRE.

Pour plus de justesse, les fiches pratiques présentées ci-dessus sont issues du site service-public.fr, le site officiel de l'administration française.

Textes de référence

- Code monétaire et financier : articles L221-30 à L221-32
  Définition et fonctionnement du PEA

- Code monétaire et financier : articles L221-32-1 à L221-32-3
  Définition et fonctionnement du PEA PME-ETI
- Code monétaire et financier : articles D221-109 à R221-13
  Ouverture d'un PEA
- Code monétaire et financier : articles D221-113-1 à D221-113-7
  Ouverture du PEA PME-ETI et seuils des entreprises éligibles au PEA PME-ETI
- BOFIP-Impôts n°BOI-RPPM-RCM-40-50 relatif au plan d'épargne en actions (PEA)

Pour en savoir plus

- Le site de l'autorité des marchés financiers (AMF)
  Autorité des marchés financiers (AMF)
- Le site de la finance pour tous
  Institut pour l'éducation financière du public (IEFP)
- Placez vos titres sur un PEA
  Autorité des marchés financiers (AMF)
- Le plan d'épargne en actions (PEA)
  Institut pour l'éducation financière du public (IEFP)
- Le site de l'agence France Trésor (AFT)
  Agence de la dette (Agence France Trésor)
- Voter en connaissance de cause aux assemblées générales des sociétés cotées
  Autorité des marchés financiers (AMF)

Où s'informer ?

Assurance Banque Épargne Info Service

Pour s'informer sur les démarches et les relations contractuelles dans le domaine de la banque et des assurances

Informations sur les démarches et les relations contractuelles dans le domaine de l'assurance, de la banque et de l'épargne

Par téléphone

0 811 901 801
Du lundi au vendredi de 8h à 18h.
Numéro violet ou majoré : coût d'un appel vers un numéro fixe + service payant, depuis un téléphone fixe ou mobile.
Pour connaître le tarif, écoutez le message en début d'appel.

Par courrier

ABE Info Service
61 rue Taitbout
75436 Paris Cedex 09

Médiateur de l'Autorité des marchés financiers (AMF)

En cas de litige avec votre conseiller financier ou avec une société cotée

Si vous rencontrez une difficulté avec un intermédiaire financier ou une société cotée, vous pouvez saisir le Médiateur de l'AMF.

Attention : avant d'adresser votre réclamation, assurez-vous que votre demande relève du champ de compétence de l'AMF. Pour vous en assurer, vous pouvez contacter Épargne Info Service.

Par courrier

Médiateur de l'Autorité des marchés financiers
17 place de la Bourse
75082 PARIS CEDEX 02

Du même auteur :

Conseils et Astuces

Jean-Jacques SEROUL de VALS

Et si Estimer et Vendre son
ENTREPRISE
Vous saviez déjà
TOUT !

Guide Pratique

Mes notes :

Dépôt légal : Janvier 2018

www.ingramcontent.com/pod-product-compliance
Lightning Source LLC
Chambersburg PA
CBHW070302230526
45470CB00002B/684